OBSERVATIONS

SUR

LES CALOMNIES DONT J'AI ÉTÉ L'OBJET.

Par le Cᵉⁿ. RIVAUD,

Ci-devant Ambassadeur près la République Cisalpine.

Negligere quid de se quisque sentiat, non solum arrogantis est, sed etiam omninò dissoluti.

CICER. *offic.*

A PARIS,

IMPRIMERIE DE CHAIGNIEAU AINÉ,

rue de la Monnoie, n°. 27, près le Pont-Neuf.

AN VII.

OBSERVATIONS

SUR

LES CALOMNIES DONT J'AI ÉTÉ L'OBJET.

Par le C^{en}. RIVAUD,

Ci-devant Ambassadeur près la Répu-blique Cisalpine.

JE n'ai pas le dessein de braver ni de convaincre les passions que, dans une effervescence récente des esprits, la seule apparence d'une différence de vues, dans le temps passé, est capable d'exciter. Je me propose seulement d'opposer aux calomnies accumulées contre moi la vérité simple des faits, suivant le conseil du philosophe Romain, qui dit, que l'indifférence sur ce que le public peut penser de nous, n'est pas seulement un signe d'arrogance, mais d'un homme absolument déhonté.

On a parlé *de mutilation de la Constitution et du Gouvernement de la République Cisalpine.* Il me suffit d'opposer à cela les ordres dont je fus chargé. Il s'agissait de mettre à exécution les arrêtés du Directoire exécutif, des 4 et 17 brumaire dernier, qui déclaraient nuls *les actes par lesquels le général en chef de l'armée d'Italie, Brune, avait destitué et remplacé plusieurs membres des Conseils législatif et du Directoire exécutif de la République cisalpine*, ainsi que ce qui en était résulté, et voulaient que la Constitution cisalpine fut présentée au peuple *telle qu'elle était avant le 28 vendémiaire*, c'est-à-dire, avant les changemens que le général y avait faits.

Ma mission avait donc pour objet spécial de réformer les effets d'actes illégaux du général, en me conformant, pour la manière d'y procéder, aux instructions très-précises qui m'avaient été données. On ne m'a pas encore appris jusqu'à quel point un agent du gouvernement peut se permettre de publier les ordres qu'il en a reçus; mais mes instructions sont dans les mains du Ministre des relations extérieures; et il me rendra le témoignage que je ne les ai pas outrepassées, et que, de mon fait et de mon temps, la Constitution cisalpine n'a été en aucune manière changée ni altérée.

Mais, dit-on, cette opération a donné lieu de *composer le Corps Législatif et le Directoire Cisalpins d'amis de l'Autriche.* Prenez garde que sur les 120 Membres des deux conseils, il en était resté à-peu-près 50 que le général Brune avait jugés dignes de sa confiance, et que presque tous les autres furent honorés de celle du libérateur de l'Italie. Remarquez encore que les places vacantes au Directoire furent remplies par ces Législateurs que deux de nos généraux avaient distingués dans leur pays. Enfin, observez que dans un pays où, littéralement parlant, je ne connaissais personne, il eût été absurde que le Directoire Exécutif se fût reposé sur moi des choix qu'il pouvait y avoir à faire; et dites jusqu'à quel point il est possible de m'imputer le bien ou le mal qui en serait résulté.

J'ai exercé une sorte d'empire sur ce Gouvernement. Cela ne voudrait-il pas dire que d'autres ont envié ce pouvoir. Dans tous les cas je déclare que si j'avais eu sur le Gouvernement cisalpin cet excès d'influence, il se serait abstenu de plusieurs déterminations auxquelles mon assentiment eût été refusé, et que j'en aurais obtenu d'autres qui ne m'ont pas été accordées.

Pour exercer cette grande influence, je me suis servi d'un citoyen Lhermite, sur qui on accumule les accusations. J'avais vu ce Lhermite jouir ouvertement dans Paris et dans la société de patriotes qui, aujourd'hui même, ne seraient pas suspects, de son existence civile qu'on lui conteste ; je ne l'avais connu que par des témoignages écrits de quelques généraux de l'armée d'Italie, qui pouvaient faire croire qu'il avait été utile dans la révolution de ce pays, et j'avais eu besoin de quelqu'un qui en sut la langue. Mais au premier avis des soupçons élevés sur son compte, il fut près de moi sans fonctions et sans confiance, ne resta en Italie que le temps nécessaire pour recueillir les pièces qu'il prétendait utiles à sa justification, et en partit vers le 20 pluviose.

L'objet pour lequel j'aurais eu besoin de la grande influence qu'on me suppose, était le versement régulier des 1,500,000 francs que la République Cisalpine devait payer tous les mois pour l'entretien d'une partie de nos troupes ; et je déclare encore que, malgré les sollicitations les plus vives, souvent elle m'a manqué.

Au reste, cette résistance tenait beaucoup à la situation des finances de la République Cisalpine, qui répond d'elle-même aux accusations de dissipations dirigées contre son gouvernement. La dépense, tant ordinaire qu'extraordinaire, avait été fixée, pour l'an 7, à 57,750,000 francs de notre monnaie. A cause de l'approvisionnement extraordinaire des places et d'une augmentation de neuf mille hommes de troupes, elle fut portée à environ 64,700,000 francs ; jusqu'au mois de germinal les recettes présumées n'avaient pas monté à plus de 50 millions ; et comme les contributions indirectes, décrétées dans le troisième mois de l'année, étaient, la plupart, à peine organisées au sixième, on peut croire que dans les six premiers mois, il n'entra au trésor public que le tiers, au plus, du revenu de l'année, et ce ne fut que par quelques anticipations sur des revenus non exigibles qu'on put faire face aux dépenses les plus urgentes.

Ceci est loin du compte de ceux qui supposent que, dans ces derniers temps, il a été levé sur la Cisalpine des sommes énormes pour le compte des Français. La vérité est que la dernière contribution de cette nature fut celle de deux millions imposées par le général Bertier (1) et dont il ne fut payé que 600,000 francs, et que de mon temps il n'a été rien exigé du pays, hors les réquisitions par lesquelles il a fallu, assez souvent, suppléer au service de la compagnie Bodin, mais dont la valeur connue

____

(1) Je me trompe ; il y eut une réquisition de six cents chevaux de voiture ordonnée par le gouvernement formé par le général Brune, au moment de l'occupation du Piémont, mais celle-là a encore précédé mon arrivée.

au premier germinal, n'excédait pas deux millions quatre cent mille francs.

Cette compagnie avait acquis en Italie le privilége d'une sorte d'inviolabilité, en affectant de répandre qu'elle avait intéressé à son entreprise des personnes très-considérables. Je fis connaître ses malversations au Directoire Exécutif; il en résulta que pour ne pas changer des fripons pour d'autres fripons, et pour prévenir toute plainte ultérieure du Gouvernement Cisalpin, je fus chargé de lui proposer de faire ou faire faire le service des subsistances; et malgré beaucoup de difficultés qui seront un jour développées, j'étais parvenu à faire ôter ce service à cette compagnie qui ne devait plus être chargée que des équipages de l'armée.

De cette surveillance que j'exerçais sur les malversations qui pesaient sur le peuple Cisalpin, il ne faut pas conclure que je fusse chargé d'aucune partie administrative. Je n'ai point été commissaire civil, comme on le suppose, pour me confondre avec ceux qui ont ou n'ont pas dépouillé l'Italie. Ce n'est que pour le plaisir de faire retentir mon nom une fois de plus à la tribune qu'il a été dit que j'avais, en cette qualité, signifié à Gay-Vernon un arrêté que je ne connais pas encore; en un mot, je ne me lasserai pas de dire que je consens qu'on m'accuse de m'être approprié tout l'argent qu'on prouvera avoir passé par mes mains au-delà de celui de ma dépense, dont j'ai usé avec quelque économie (1); que je consens encore qu'on m'impute comme autant de concussions, toutes affaires de finance, administration, marchés, en un mot d'argent dont il serait vrai que je me fusse mêlé; et je crois que celui qui, malgré l'usage et l'exemple, refusa les présens du gouvernement Cisalpin (2), peut se dispenser de repousser des accusations vagues de cupidité.

J'enpourrais dire autant de mon refus supposé de donner des armes aux patriotes de Milan, au moment que, dans une lettre envoyée aux Bolonais armés, comme moyen d'encouragement, j'aplaudissais à leur patriotique dévoûment, et comme s'il eût dépendu de moi de donner ou refuser des armes; comme si, contre le refus du Directoire lui-même, on n'eût pas eu la voie de se pourvoir au Corps Législatif. Cependant voici le fait : dans une séance du Direc-

---

(1) On m'avait donné 48,000 fr. pour l'objet de la commission particulière dont j'avais été chargé : j'en ai dépensé environ 12,000.

(2) J'ai en main les arrêtés qui constatent l'offre d'une boîte d'or et d'un brillant évalué 24,000 fr., et mon refus.

toire, où par hasard je me trouvais (1), on proposa d'armer mille patriotes de Milan ; entendez-bien que c'est mille, et non quinze mille, comme on l'a dit, et qui à coup sûr n'etaient pas dans la ville de Milan. On y mettait formellement (et tout le Directoire en peut rendre témoignage) la condition de leur donner pour chef l'ex-général Lahoz aujourd'hui, comme on sait, au service de l'Autriche.

Je savais combien il était suspect au Gouvernement Cisalpin et au Gouvernement Français. J'opposai à la proposition de le mettre en avant cette observation assez plausible : que l'ex-général ne pouvait, dans le service, entrer en concurrence avec les généraux de son grade en activité, ni, sans mortification pour lui, recevoir les ordres d'un chef de bataillon. Mais, en applaudissant au dessein de ceux pour qui on demandait des armes, j'ajoutai qu'il était tout simple qu'à mesure qu'ils seraient réunis au nombre de cent, ils nommassent leur capitaine, leur lieutenant, etc.; et que, lorsqu'il y aurait cinq ou six compagnies ainsi formées,

____

(1) Pour dire que, par ma présence, j'obsédais le Directoire, qui, dans les temps de détresse, m'appela plus souvent que je n'aurais voulu y aller un de mes calomniateurs a eu ses raisons, que quelque jour je développerai.

le Directoire leur nommât un adjudant-major
et un chef de bataillon. Il fut pris aussitôt un
arrêté pour que leur organisation fût réglée sur
ce plan.

Personne ne se présenta ; mais on publia dans
les cafés que le Directoire et l'Ambassadeur re-
fusaient d'armer les patriotes, jusqu'à cet inci-
dent un peu fâcheux pour les conteurs, que je
vais faire connaître. Un citoyen nommé *Vin-
cent Soredini* m'amena deux des plus déterminés
propagateurs de la calomnie ; je leurs offris, pour
la seconde fois, de leur faire donner des armes
et, qui plus est, le moyen d'avoir de l'argent.
J'invitai, à ce sujet, le Directoire à leur adjoin-
dre un Commissaire pour faire rentrer l'emprunt
forcé ; le Directoire prit ensuite un arrêté qui a
été imprimé dans le Moniteur, n°..... par lequel
il excitait tous les zélés patriotes, *zelanti patrioti*,
à prendre du service, et les y invitait par la pro-
messe d'en faire, par distinction, imprimer et
publier la liste, etc.

Mais je n'entendis plus parler d'eux qu'à l'occasion de l'idée qu'ils eurent de me faire faire,
par le citoyen Mengaud, la proposition de les
envoyer dans les campagnes fomenter de petits
soulevemens, dont on prendrait occasion de
faire main basse sur les prêtres, supposés au-

teurs du trouble. J'avoue que cette politique,
par laquelle Lahoz eut, en peu de temps, véri-
tablement soulevé toutes les campagnes, me
parut un peu forte.

Au reste, les clabaudages qui avaient eu lieu
à ce sujet dans les tavernes et les cafés prou-
vent que je n'inspirais pas dans Milan autant
de frayeur que le suppose un de mes accusa-
teurs, puisque je n'avais pas le crédit d'empê-
cher qu'on me calomniât publiquement et qu'on
m'imputât de trahir la République, d'accord
avec le général Schérer, dont je provoquais
moi-même le rappel.

Rien n'est plus exact, n'en déplaise à mes calomniateurs; et pour que le Directoire Exécutif
ne crût pas que je lui donnais mon opinion per-
sonnelle pour celle des troupes, je lui avais en-
voyé les propres rapports de la Police et celui
d'un Agent que le Gouvernement Cisalpin avait
près de l'armée, lesquels ne détaillaient que
trop les préventions élevées contre le général,
et les funestes effets qui devaient en résulter.

Je ne répondrai pas à celui qui, n'osant tout-
à-fait m'accuser de m'être approprié de l'argen-
terie appartenant à la République Cisalpine, a
avancé dans un Mémoire distribué aux deux
Conseils, que je l'avais vendue à Turin pour

moitié de sa valeur , quoique le secrétaire de légation que j'en avais laissé dépositaire à Chambéry , l'ait remise en même nature que je l'avais reçue, au Directoire Cisalpin, dont le récépissé est déposé au ministère des relations extérieures.

Je ne répondrai pas davantage à celui qui prétend que , sur mes fourgons chargés huit jours avant la retraite , quoique je n'eusse pas de fourgons et que mon équipage fut dans une vache , j'ai emporté de la maison que j'occupais jusqu'aux pots de chambre de porcelaine , quoiqu'il n'y eut pas une seule pièce de porcelaine ; je les renvoie l'un et l'autre au témoignage des Représentans Cisalpins , que j'ai conduits à Chambéry , et dont les effets ont été sauvés sur un caisson que la trésorerie me prêta , le jour même de mon départ, pour transporter les papiers de la légation.

Un jour viendra qu'on reconnaîtra que, loin que ma mission ait pesé sur la nation cisalpine, elle fut pour ce peuple doux et ami de la tranquillité un sujet de consolation , une occasion de bénir le nom français qu'assez d'autres ont fait détester ; que cependant le prix que je reçus du vif intérêt que je pris à sa prospérité que je ne séparai jamais du bonheur de mon pays , fut d'être en but à la haine de quelques hommes que je respectais comme citoyens, que je ménageais parce qu'ils se croyaient humiliés, mais qui, pour me confondre dans la foule impure des spoliateurs de l'Italie, se sont unis aux fripons et aux intrigans que j'ai poursuivis ou contrariés, et qui seront un jour démasqués.